armée du prince de Condé

CIRCE'

TRAGEDIE.
EN MUSIQUE,
REPRESENTE'E
PAR L'ACADEMIE ROYALLE
DE MUSIQUE.

On la vend
A PARIS,
A l'Entrée de la Porte de l'Academie Royalle de Musique,
Au Palais Royal, ruë Saint Honoré.
Imprimée aux dépens de ladite Academie.
Par CHRISTOPHE BALLARD, seul Imprimeur du Roy
pour la Musique.

M. DC. XCIV.

ACTEURS

DU PROLOGUE.

Roupe de Jeux & de Plaisirs qui entrent en desordre.

LA NYMPHE de la Seine.

Troupe de { NAYADES. DIEUX DES EAUX. DRIADES.

PROLOGUE.

Le Theâtre represente un Boccage, & dans le fond une agreable Prairie arrosée par la Riviere de Seine.

SCENE PREMIERE.

Troupe de Jeux & de Plaisirs qui entrent en desordre.

LE CHOEUR.

Fuyons, fuyons une Guerre sanglante,
Éloignons-nous des malheureux Climats
Où Mars fait regner l'épouvante;
Fuyons, fuyons une Guerre sanglante,
Éloignons-nous des malheureux Climats
Où l'on ne voit que de cruels combats

A ij

PROLOGUE.
UN PLAISIR.

Le bruit affreux des Armes
Nous a chassé de mille endroits divers :
Pour éviter ces funestes allarmes
On nous verroit voler au bout de l'Univers.

Mais, Ciel ! où le destin a-t'il sceu nous conduire ?
Sommes-nous arrivez dans le séjour des Dieux ?
Ou dans le vaste Empire
Du Heros triomphant que l'Univers admire ?
On ne voit rien icy qui n'enchante les yeux.

UN PLAISIR.

Ces brillantes fleurs, ces feüillages,
Des Oyseaux les tendres ramages
Semblent nous annoncer que la Paix & l'Amour
Regnent dans ce beau séjour.

La Nymphe de la Seine sort de ses Eaux.

PROLOGUE.

SCENE SECONDE.
LA NYMPHE DE LA SEINE.

Troupe de Nayades & de Dieux des Eaux.
Troupe de Driades.

La Nymphe de la Seine.

Bornez icy vostre course incertaine,
Charmans Plaisirs, aimables Jeux ;
Rien ne peut vous troubler sur les bords de la Seine,
Demeurez à jamais dans cét azile heureux.

La Nymphe de la Seine & un Dieu des Eaux.

Sous les augustes loix du Vainqueur de la Terre,
  Joüissez d'un sort plein d'attraits ;
    Les fureurs de la Guerre,
Doivent bien-tôt céder aux douceurs de la Paix.

La Nymphe de la Seine.

La force, la valleur, le secret, la prudence,
Sont avec ce grand Roy toûjours d'intelligence ;
  Quand la prudence & le secret
  Ont conduit une grande affaire,
    La valleur ne tarde guere
    D'en executer le projet.

PROLOGUE.

Un Dieu des Eaux.

Lorsqu'il remet le soin de sa vengeance
A son auguste Fils, le bonheur de la France ;
C'est moins pour prendre du repos,
Que pour satisfaire
L'ardeur noble & guerriere
De ce jeune Héros.

Chœur de Driades & de Divinitez des Eaux.

Sous les augustes loix du Vainqueur de la Terre,
Joüissez d'un sort plein d'attraits ;
Les fureurs de la Guerre
Doivent bien-tôt céder aux douceurs de la Paix.

Deux Driades.

Tout rit dans ce boccage,
Tout répond à nos vœux.

Le Chœur.

Tout rit dans ce boccage,
Tout répond à nos vœux.

Deux Driades.

Le cœur le plus sauvage
Y devient amoureux.

Le Chœur.

Tout rit dans ce boccage,
Tout répond à nos vœux.

PROLOGUE.

Deux Driades.

Quand l'amour nous engage,
C'est pour nous rendre heureux.

Le Chœur.

Tout rit dans ce boccage,
Tout répond à nos vœux.

Deux Driades.

Eloignez de l'Orage
Et des Combats affreux,
Nous avons en partage
Les Plaisirs & les Jeux.

Le Chœur.

Tout rit dans ce boccage,
Tout répond à nos vœux.

UNE NAYADE.

Les plaisirs suivent les peines
Dans un tendre engagement,
Les plaisirs suivent les peines
Quand on aime constament.

Ne brisez jamais vos chaînes,
Vous aurez un sort charmant.

PROLOGUE.

Les plaisirs suivent les peines
Dans un tendre engagement,
Les plaisirs suivent les peines
Quand on aime constament.

Auprés des plus inhumaines
On trouve un heureux moment.

Les plaisirs suivent les peines
Dans un tendre engagement,
Les plaisirs suivent les peines
Quand on aime constament.

DEUX NAYADES.

Dans l'amoureux Empire
Le plaisir est sans égal ;
Mais un retour fatal
Fait souvent qu'on soûpire :
De l'amour on ne peut dire
Trop de bien ny trop de mal.

PROLOGUE.

LES CHOEURS.

Sous les augustes loix du Vainqueur de la Terre
Joüissons d'un sort plein d'attraits,
Les fureurs de la Guerre
Doivent bien-tôt ceder aux douceurs de la Paix.

FIN DU PROLOGUE.

ACTEURS
DE LA TRAGEDIE.

IRCE', *Fille du Soleil, veuve du Roy de Sarmates & grande Magicienne, amoureuse d'Ulisse.*

ASTERIE, *Nymphe de la Cour de Circé.*

ULISSE, *Roy d'Itaque, Amant d'Eolie.*

ELPHENOR, *Prince Grec, amoureux d'Asterie.*

POLITE, *Prince Grec, amy d'Ulisse, & Amant d'Asterie.*

ACTEURS

Troupe de Guerriers Grecs, amis d'Ulisse.

Troupe { *d'Amans fortunez.*
{ *d'Amantes heureuses.*

Le Grand Prêtre du Temple de l'Amour.

L'AMOUR.

EOLIE *Nymphe, Fille d'Eole Reine de Lipare, Amante d'Ulisse.*

Troupe de Vents Aquilons qui paroissent en l'air.

MINERVE.

PHÆBETOR. } *Songes.*
PHANTASE. }

Troupe { *de Songes agreables.*
{ *de Songes funestes.*

*L'Ombre d'*ELPHENOR.

DE LA TRAGEDIE.

Quatre Demons qui élevent un Tombeau.

Les trois EUMENIDES.

Troupe de Demons transformez en Nymphes.

MERCURE.

AQUILON.

Troupe de Vents.

Troupe { *de Nereïdes.* / *de Tritons.* }

Troupe de Demons armez de feux.

La Scene est dans l'Isle d'Æa.

CIRCE'
TRAGEDIE.

ACTE PREMIER.
Le Theâtre represente une Avenuë, & dans l'éloignement, la façade du Palais de Circé.

SCENE PREMIERE.
CIRCE', ASTERIE.
CIRCE'.

AH! que l'Amour auroit de charmes,
Lors qu'il unit de tendres cœurs,
S'il finissoit pour jamais leurs allarmes:
Ah! que l'Amour auroit de charmes,
Lors qu'il unit de tendres cœurs.

CIRCE',

S'il ne leur caufoit plus que de douces langueurs ;
Mais, helas ! ce cruel nous fait fentir fes peines
  Au milieu des plaifirs ;
 Et plus il fait aimer fes chaînes,
Plus il coûte de foins, de pleurs & de foûpirs.

ASTERIE.

Vous ferez toûjours jeune & belle,
 Aimez, aimez avec tranquilité :
Vôtre cœur en aimant doit-il être agité ?
 Comme le cœur d'une Mortelle,
 Vous ferez toûjours jeune & belle ;
 Aimez, aimez avec tranquilité.

CIRCE'.

J'aime Uliffe, & je dois croire
 Qu'il eft fenfible à ma langueur ;
 Mais, helas ! je crains que la Gloire,
Malgré mon tendre amour, ne m'arrache fon cœur.

 Une fecrette jaloufie
 Vient encor m'allarmer ;
 Uliffe avant que de m'aimer
 A foûpiré pour Eolie :
 L'Amour fçût long-tems l'arrêter
 A la Cour d'Eole fon Pere,
Pour retourner en Grece, il falut la quitter ;
Mais le cruel Amour à mon repos contraire,
 Plûtôt que les Vents furieux,
 L'a fait aborder en ces lieux.

Ah! je rougis de ma foiblesse,
Le voir, l'aimer, luy montrer ma tendresse,
Ne fut pour moy qu'un même instant ;
Il me promit un cœur tendre & constant,
Mais peut-être que dans son ame
Il conserve l'ardeur de sa premiere flâme ;
Peut-être enfin pour m'échaper,
L'Ingrat veut me tromper.

ASTERIE.

Vous ne pouvez sans injustice
Douter du cœur de l'amoureux Ulisse,
Ny du pouvoir de vos yeux ;
De vos premiers regards il n'a pû se défendre,
Sans le secours de vôtre art merveilleux,
Vous l'avez contraint de se rendre.

Tout vous rit avec luy dans ces aimables lieux...

CIRCE'.

Ecoûte de mes maux l'entiere confidence :
Ses Guerriers en secret le pressent de partir,
On vient de m'en avertir ;
Rien n'est égal à leur impatience,
Ils reprochent souvent à ce fameux Heros
Qu'il les fait trop languir dans un honteux repos.

ASTERIE.

Croyez-vous cet avis sincere ?

CIRCE'.

L'amoureux Elphenor n'a pû voir sans effroy
Qu'il faudroit s'éloigner de toy,
Il m'a découvert ce mistere.

ASTERIE & CIRCE'.

Pour les Amans les plus heureux,
Amour ta rigueur est extrême,
Le plaisir de se voir aimé de ce qu'on aime,
N'exempte pas des soins fâcheux :
Pour les Amans les plus heureux,
Amour ta rigueur est extrême.

CIRCE'.

Il paroît ce Heros charmant !

ASTERIE.

Il ne sçauroit sans vous passer un seul moment.

SCENE SECONDE.
CIRCE', ULISSE, ASTERIE.
CIRCE'.

PRince vous connoissez jusqu'où va ma tendresse,
Elle n'a que trop éclaté ;
J'aurois pris soin de cacher ma foiblesse,
Si j'avois écouté ma gloire & ma fierté :

Mais

TRAGEDIE.

Mais lors qu'on peut aimer autant que je vous aime,
    Du seul Amour on connoît le pouvoir.
Et l'on n'écoute plus ny raison ny devoir ;
Helas, il s'en faut bien que vous n'aimiez de même !

ULISSE.

Quel reproche cruel pour mon cœur amoureux !
L'Amour luy fait sentir tout ce qu'il a de feux ;
    Et chaque jour vôtre aimable presence
        En augmente la violence !

ULISSE & CIRCE.

    Non il n'est point d'Amant
Qui { puisse aimer / soit aimé } plus tendrement.

CIRCE'.

  Si vous m'aimez faut-il me taire,
Que de cruels amis vous pressent de partir,
    Faloit-il m'en faire un mistere
  Si vôtre cœur n'y pouvoit consentir ?

    Il faut qu'en vôtre presence
Ces superbes Guerriers éprouvent mon courroux,
    Dans ce bois chacun d'eux s'avance ;
    Ils pensent n'y trouver que vous....

                      C

CIRCE',

ULISSE.

Je ne suis occupé que du soin de vous plaire;
Hélas! pourquoy faut-il dans ce funeste jour
Voir briller vos beaux yeux du feu de la Colere?
Ils ne devroient briller que des feux de l'Amour.

SCENE TROISIEME.

ELPHENOR, POLITE, Troupe de Guerriers Grecs amis d'Ulisse, CIRCE', ULISSE, ASTERIE.

CIRCE' aux Grecs.

Vostre amitié s'interesse
À la gloire de ce Heros;
Il vous paroît que ma tendresse
Le fait languir dans un honteux repos,
Venez-vous le presser de retourner en Grece?

Eprouvez malheureux si je sçai me vanger;
Transformez-vous en des Monstres horribles,
Et servez d'exemples terribles
A qui m'ose outrager.

Polite & les autres Grecs, à la reserve d'Elphenor, sont changez en plusieurs sortes de Monstres.

TRAGEDIE.
ASTERIE.
O Dieux, quel fort épouvantable!
ULISSE.
Ciel, quel excés de rigueur!
Belle Reine en ma faveur,
Faites cesser......

CIRCE'.
Non, non, je suis inexorable,
Allez Monstres affreux, cachez-vous pour jamais
Au fonds de ces forests.

Circé à Ulisse.
Prince ne craignez rien la crainte est inutile,
Des jeux & des plaisirs voyez le doux azile.

Changez-vous tristes lieux
En un sejour délicieux :
Et vous que l'Amour enchaîne,
Venez, venez Amans heureux,
Chantez vos plaisirs amoureux
Et le pouvoir de vôtre Reine.

Le Theâtre change & represente un Jardin remply de Jassemins & d'Orangers, qui forment des allées à perte de vûë, on voit des cascades dans l'éloignement.

C ij

CIRCE',

SCENE QUATRIE'ME.

CIRCE', ULISSE, ASTERIE, ELPHENOR, Troupe d'Amans fortunez & d'Amantes heureuses.

Un Amant fortuné.

E *nos plaisirs que l'Echo retentisse,*
Pour les chanter qu'avec nous tout s'unisse.

LE CHOEUR.

De nos plaisirs que l'Echo retentisse,
Pour les chanter qu'avec nous tout s'unisse.

L'Amant fortuné.

Que les Oiseaux
De ce charmant boccage,
Au bruit des Eaux,
Joignent leur doux ramage
Loin des Jaloux,
Sans crainte & sans envie
De nôtre vie,
Tous les momens sont doux.

LE CHOEUR.

De nos plaisirs que l'Echo retentisse,
Pour les chanter qu'avec nous tout s'unisse.

TRAGEDIE.

L'Amant fortuné.

Par son pouvoir
Nôtre aimable Déesse
Fait toûjours dans nos Champs
Regner le doux Printemps,
Et la jeunesse
Nous suit sans cesse,
Avec les jeux, les ris & la tendresse.

LE CHOEUR.

De nos plaisirs que l'Echo retentisse,
Pour les chanter qu'avec nous tout s'unisse.

L'Amant fortuné.

Dans ces beaux lieux l'Amour est sans allarmes,
Il ne fait voir que ce qu'il a de charmes.

LE CHOEUR.

Dans ces beaux lieux l'Amour est sans allarmes,
Il ne fait voir que ce qu'il a de charmes.

L'Amant fortuné.

D'aimables traits
Ce Dieu blesse nôtre ame,
Et l'on veut à jamais
Sentir sa flâme ;
Il sçait charmer
Le cœur le plus severe,

CIRCE´,
Et qui fçait bien aimer
Eſt ſeur de plaire.

LE CHOEUR.

Dans ces beaux lieux l'Amour eſt ſans allarmes,
Il ne fait voir que ce qu'il a de charmes.

L'Amant fortuné.

Loin de nos bois
Trop ſevere Sageſſe,
Donnez vos Loix
A la triſte Vieilleſſe,
Dans le bel aage,
N'eſt-on pas ſage,
Lors qu'on fait des Plaiſirs un bon uſage.

LE CHOEUR.

Dans ces beaux lieux l'Amour eſt ſans allarmes,
Il ne fait voir que ce qu'il a de charmes.

Les Amans fortunez ſe retirent, Circé ſort avec Uliſſe, Aſterie la veut ſuivre, mais Elphenor la retient.

SCENE CINQUIE'ME.

ASTERIE, ELPHENOR.

ELPHENOR.

Vous verray-je toûjours insensible & cruelle ?
Tout parle icy d'aimer, aimez à vôtre tour,
Du moins pour un moment écoûtez mon amour,
Ne desesperez pas l'Amant le plus fidele.

ASTERIE.

Je fais ma felicité
D'une douce tranquilité,
N'esperez pas de me voir jamais tendre :
Mon cœur est épouvanté
Des soins que l'Amour fait prendre.

ELPHENOR.

Quand on est sans amour la vie est sans appas,
En aimant tout plaît, tout enchante ;
C'est lors qu'un Amant ne plaît pas
Que l'Amour épouvante.

ASTERIE.

De vos amis le funeste malheur
Devroit occuper vôtre cœur.

CIRCE;

ELPHENOR.

Quand l'Amour est extrême
La plus tendre amitié ne se fait point sentir,
Charmante Nymphe je vous aime,
Tous vos mépris ne sçauroient me guerir:
Si je peux m'oublier moy-même,
Ingrate, helas!
Que n'oublieray-je pas?

ASTERIE.

Non je ne sçaurois plus me taire,
Vous les avez trahis ces malheureux amis:
Ah! je rougis de colere
De voir que l'Amour m'a soûmis
Un cœur qui méprise la gloire,
Je ne veux point regner dans ce perfide cœur,
Je perdray jusqu'à la mémoire,
Qu'il ait jamais senty pour moy la moindre ardeur.
Elle sort.

ELPHENOR.

Arrêtez Nymphe impitoyable
Pour voir punir un cœur que vous trouvez coupable.

SCENE

SCENE SIXIEME.

ELPHENOR seul.

L'Inhumaine me fuit, rien ne peut l'attendrir,
Un affreux desespoir s'empare de mon ame:
Esteignons dans mon sang une fatale flâme,
    La seule mort peut m'en guerir.

L'ingrate, quel courroux m'a-t-elle fait paroître!
    Ciel! quel mépris injurieux!
    Si je suis un perfide, un traître,
On ne doit de mon crime accuser que ses yeux.

Le violent amour dont je brûle pour elle
    M'a fait découvrir un secret,
    J'aurois esté l'amy le plus discret,
Si j'étois un Amant moins tendre & moins fidele.

Mais un soupçon jaloux augmente mon tourment,
A regret je penétre un funeste mistere;
    N'en doutons plus, la perte d'un Amant
De l'ingrate Asterie a causé la colere.

Puisse-t-il, ce Rival, mille fois trop heureux,
Estre toûjours un Monstre affreux.
Allons employer l'artifice,
Pour empêcher qu'Ulisse
N'obtienne de Circé grace pour ses amis ;
On me hait, on m'outrage,
Suivons les transports de ma rage,
Aux cœurs desesperez tout doit être permis.

Fin du premier Acte.

ACTE SECOND.

Le Theâtre change & represente le Temple de l'Amour, soûtenu par des Colomnes de Marbre ornées de Couronnes de Mirthe ; on voit dans le fonds la figure de ce Dieu, au milieu de la Jeunesse & de la Beauté.

SCENE PREMIERE.

ASTERIE seule.

AH ! c'est trop retenir mes pleurs,
Donnons un libre cours à mes vives douleurs :
Je suis seule en ces lieux, je puis sans me contraindre,
Soûpirer & me plaindre ;

D ij

L'inhumaine Circé, par un enchantement
Le plus épouvantable,
Me cache mon Amant
Sous une figure effroyable;
Mais je dois craindre encore un plus cruel mal-heur,
Peut-estre en le changeant, elle a changé son cœur.

Amour, qui vois couler mes larmes,
Viens finir mes allarmes,
Rends-moy l'Objet qui m'a charmé,
Et fais qu'il aime autant qu'il est aimé.

Ulisse vient avec la Reine,
Amour fais que ce Prince appaise l'Inhumaine,
Qu'elle rompe le charme affreux,
Qui m'enleve Polite & le rend malheureux.

SCENE SECONDE.
ULISSE, CIRCE'.
CIRCE'.

QUoy vous n'avez rien à me dire?
Vous rêvez, vostre cœur soupire,
Vous n'avez plus l'empressement
D'un veritable Amant;
Quoy vous n'avez rien à me dire?

TRAGEDIE.

Quand je vous quitte un seul moment,
  Je souffre un cruel tourment
Lors que je vous revoy, mon plaisir est extreme ;
Pourquoy si vous m'aimez, n'estes vous pas de même?

ULISSE.

  La Conqueste de vostre cœur
  Fait mon plaisir & ma gloire,
 Mais, helas ! le pourroit-on croire ?
Un noir chagrin vient troubler la douceur
  D'un si parfait bon-heur.

CIRCÉ.

  C'est trop allarmer ma tendresse,
  Parlez, tout suivra vos desirs,
Vous seul pouvez causer ma joye & ma tristesse,
Et de vous rendre heureux je fais tous mes plaisirs.

ULISSE.

  Si vous m'aimez, charmante Reine,
  Desarmez vostre couroux,
En faveur de ces nœuds que l'amour fit pour nous
Rendez moy mes Amis, vous finirez ma peine.

CIRCÉ.

 O Dieux ! que me demandez-vous ? . . .
Est-ce là d'un Amant ce que l'on doit attendre ?
Faut-il que des Amis l'occupent chaque jour ?

Tout ce qu'on donne aux soins d'une amitié trop
   tendre,
      On le dérobe à l'Amour.

    Circé pour toy toute de flame
    Devroit seule occuper ton ame.

ULISSE.

Pour vous mon cœur brûle de mille feux
Et vous brillez de mille charmes,
   Pour quoy ces Guerriers fameux
   Vous causent-ils tant d'allarmes?
   Mon Amour & vostre beauté
Vous font garens de ma fidelité.

CIRCE.

Vous le voulez, il faut vous satisfaire,
Pour ces Guerriers je me laisse attendrir;
   Vous désarmez ma colere,
Et je sçay mieux aimer, que je ne sçay haïr.

   Vous triomphez de ma vangeance
Ce triomphe pour vous doit avoir mille attraits.

ULISSE.

Belle Reine, croyez que ma reconnoissance
    Fera durer à jamais
   Mon Amour & ma constance.

TRAGEDIE.
CIRCE' & ULISSE.

Desir de se vanger, inutile fureur,
Cedez, cedez à l'amoureuse ardeur.
Vos transports causent trop de peine,
Un tendre Amour doit occuper un cœur
Sans y laisser de place pour la haine.
Desir de se vanger, inutile fureur,
Cedez, cedez à l'amoureuse ardeur.

CIRCE'

Vos Guerriers vont bien-tost paroistre,
Preparez-vous au plaisir de les voir,
Je vais rompre mon charme, & vous allez connoître
Mon Amour & mon pouvoir.

SCENE TROISIEME.
ULISSE seul.

Faudra t'il toûjours me contraindre?
Ah! que mon sort a de rigueur!
Je ne sens pour Circé qu'une extréme froideur,
Et je me vois reduit à feindre
Pour cette Reine une amoureuse ardeur:
Retenu dans sa Cour, son Art me l'a fait craindre;
Ah! que mon sort a de rigueur!
Faudra t'il toûjours me contraindre?

CIRCE,
Quel horrible tourment !
Quel affreux enchantement !
Je suis loin d'Éolie, & ce n'est pas la gloire
Qui cause mon éloignement ;
Juste Ciel ! le pourroit-on croire ?

Amour, tu peux changer mon destin rigoureux
Et me faire un plaisir de ce qui fait ma peine,
La flâme de Circé m'importune, me gêne,
Fais passer ses desirs, ses transports amoureux
Dans le cœur de ce que j'aime ;
Il ne sçauroit brûler de trop de feux
Si tu veux qu'il réponde à mon ardeur extréme.

SCENE QUATRIEME.

ULISSE, ELPHENOR.

ULISSE

Sçavez-vous, Elphenor, quel est nostre bon-heur?
Circé nous rend nos Grecs...

ELPHENOR.

O Ciel ! est-il possible ?
Elle paroissoit inflexible.

ULISSE.

C'est à l'Amour qu'on doit cette faveur.

Mais.

TRAGEDIE.

Mais quel chagrin vient te surprendre !
Dis-moy qui peut te rendre
Interdit & réveur ?

ELPHENOR.

Il faut vous l'avoüer, je ne puis m'en deffendre,
De la fiere Asterie en vain je suis charmé,
En vain par mille soins j'esperois de luy plaire,
Un autre en est aimé,
Tout me le dit, ses mépris, sa colere.

Je ne sçay pas encor quel est l'heureux Vainqueur
Qui m'a fermé le chemin de son cœur ;
Desesperé, confus, dans ma douleur extréme
Tous les Grecs me sont des Rivaux,
Pour les faire perir, j'inventerois moy-même
Des suplices nouveaux.

ULISSE.

Quand il en peut coûter la gloire & l'innocence
On doit n'aimer pas tant, ou bien cesser d'aimer,
C'est se laisser enflammer
Avec trop de violence,
Quand il en peut coûter la gloire & l'innocence.

E

CIRCE,

Mais la Reine & les Grecs s'avancent dans ces lieux,
Contraignez-vous. . . .

ELPHENOR.

Je vois l'inhumaine Asterie,
La joye éclatte dans ses yeux,
Quelle rage pour moy, grands Dieux !
Il faut en m'éloignant, cacher ma jalousie.

SCENE CINQUIE'ME.

CIRCE', ULISSE, ASTERIE, POLITE, TROUPPE de Grecs.

CIRCE' aux Grecs.

Rendez hommage à l'Amour,
Et rendez grace au genereux Ulisse,
Par les vœux éclatans d'un pompeux Sacrifice
Qu'on fasse retentir cet aimable séjour ;
Rendez hommage à l'Amour
Et rendez grace au genereux Ulisse.

TRAGEDIE

CHOEUR de Grecs.

Rendons hommage à l'Amour,
Et rendons grace au genereux Ulisse.

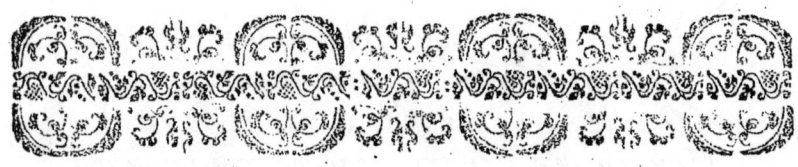

SCENE SIXIEME.

Le grand Prêtre du Temple de l'Amour.

Trouppe de Nymphes qui déservent le Temple de l'Amour.

CIRCE', ULISSE, ASTERIE, POLITE,
Trouppe de Guerriers Grecs.

LE GRAND PRESTRE aux Grecs.

Approchez-vous, heureux Mortels,
Vous n'avez pas besoin de sanglantes Victimes
Pour effacer vos crimes,
Par vos tendres soupirs encensez nos Autels,
Vôtre cœur est la seule offrande
Que l'Amour vous demande.

E ij

LE CHOEUR.

L'Amour a triomphé des Heros & des Dieux,
Il étend son Empire
Jusque dans les Cieux :
L'Amour a triomphé des Heros & des Dieux,
Il étend son Empire
Sur tout ce qui respire.

DEUX GUERRIERS.

Amour, Dieu des ris & des jeux,
Dieu de l'aimable Jeunesse
Et de la douce tendresse ;
Amour Dieu des ris & des jeux,
Soyez favorable à nos vœux.

LE CHOEUR.

Amour, Dieu des Ris & des Jeux,
Soyez favorable à nos vœux.

SCENE SEPTIE'ME.

L'AMOUR sur un Nuage. Acteurs de la Scene precedente.

L'AMOUR aux Grecs.

JE reçois vôtre hommage, il est tendre & sincere
    Je rendray vôtre sort charmant,
    Ne perdez pas un moment,
  Soupirez, ne songez qu'à plaire,
  C'est une assez grande affaire.

Pour toy, Circé, j'aime à voir ton ardeur,
  J'augmenteray la tendresse d'Ulisse ;
Avant la fin du jour, tu connoîtras son cœur
  Et tu verras si je te suis propice.
              L'Amour disparoist.

CHOEUR de Grecs.

Amour, puissiez-vous à jamais
Nous faire un sort plein d'attraits,

Ulisse a finy nos peines,
De ce Heros comblez tous les desirs ;
Faites durer ses plaisirs
Autant que dureront ses chaînes ;
Amour, puissiez-vous à jamais
Nous faire un sort plein d'attraits.

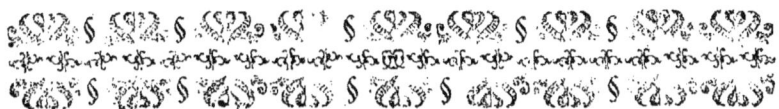

SCENE HUITIE'ME.

ASTERIE, POLITE

POLITE.

ENfin, nous n'avons plus de témoins que
l'Amour,
M'est-il permis d'abandonner mon ame
Aux transports de ma flame ?
Belle Nymphe, estes-vous sensible à mon retour ?
Je vous vois, ma joye est extrême,
Rien ne manque à mes desirs ;
Ah! si vous n'aimez pas si tendrement que j'aime,
Que vous perdez de doux plaisirs !

TRAGEDIE.
ASTERIE.

Vôtre retour a pour moy mille charmes,
Que ne puis-je exprimer les mortelles allarmes
  Que m'a causé vôtre malheur!
  Ah! j'en fremis encor d'horreur!
Mais, helas! c'est en vain que je veux entreprendre
  De vous exprimer mon tourment,
  On n'a senty que foiblement
  Les maux qu'on peut faire comprendre.

ASTERIE & POLITE.

Amour, que tes plaisirs sont doux!
  Aprés un cruel martire,
Se voir, s'aimer, & se le dire,
Est un bonheur à faire des jaloux:
Amour, que tes plaisirs sont doux!

POLITE.

Fuyons un lieu, belle Asterie,
  Où regne la barbarie;
La Grece à nos amours offre un azile heureux;
L'Hymen nous unira des plus aimables nœuds.

CIRCE',
ASTERIE & POLITE.
Quel bonheur ſi l'Hymen nous lie!
C'eſt ma plus chere envie;
De l'Hymen les nœuds ſont charmans,
Lorſqu'ils ſont faits par le Dieu des Amans.

Fin du ſecond Acte.

ACTE

ACTE III.

Le Theâtre change & represente une solitude.

SCENE PREMIERE.

EOLIE seule.

Desirs, transports, cruelle impatience,
Ah! laissez-moy du moins respirer un moment;
Souffrez qu'une douce esperance
Flate mon amoureux tourment :
Desirs, transports, cruelle impatience,
Ah! laissez-moy du moins respirer un moment.

CIRCE.

Mais rien ne peut flater l'ennuy qui me devore;
Je pers le Heros que j'adore,
La Renommée a fait sçavoir
En mille endroits son funeste naufrage ;
Malheureuse Eolie! en faut-il davantage,
Pour chasser de ton cœur un inutile espoir?

Ciel! Ulisse n'est plus ; mais, que j'ay de foiblesse !
Lorsque je m'abandonne au tourment qui me presse !
Je pers des momens precieux ;
Pour m'éclaircir du sort d'Ulisse,
Allons trouver Circé, Je ne puis faire mieux,
Allons... je tremble, ô Dieux !
Je sens redoubler mon suplice.

C'est aux Enfers que j'ay recours ;
Non, non, je ne veux point de cet affreux secours:

Aquilons, vôtre violence
N'a que trop servy mon ardeur,
Vous m'avez fait passer dans ces lieux pleins d'horreur,
Où doit fremir la timide innocence ;
Venez, venez malgré l'Amour,
Eloignez-moy de cet affreux séjour.

Les Aquilons paroissent environnez de nuages.

TRAGEDIE.

SCENE SECONDE.
MINERVE, EOLIE.

MINERVE sur son Char.

IL n'est pas temps de paroître,
Aquilons demeurez, dans un profond repos ;
Nymphe, ne craignez rien, je vous feray connoître
Que Minerve est toûjours favorable aux Heros.

Ulisse est échapé d'une affreuse tempête,
Mais l'amour de Circé le rétient dans ces lieux ;
  Cette funeste conquête
Borne de ce Heros les exploits glorieux.
Le sommeil l'a surpris dans ce lieu solitaire,
Je vais l'épouvanter par des songes affreux
Pour luy faire quitter un lieu si dangereux ;
  Sa gloire vous est chere,
Montrez-vous à ses yeux, je feray dans ce jour
  Triompher vôtre amour.

Le fond du Theâtre s'ouvre & laisse voir Ulisse endormy dans un lieu remply de rochers & d'arbres, qui conservent encore quelque figure d'hommes ; ce sont autant de malheureux Amans que Circé a métamorphosez quand elle a cessé de les aimer.

SCENE TROISIE'ME.

ULISSE endormy, PHOEBETOR, PHANTASE, Troupe de songes agreables, Troupe de songes funestes ; EOLIE dans un endroit où elle ne peut être vûë.

Un songe agreable.

AH! que le sommeil est charmans
Lorsqu'il est tranquile!
Mais il est difficile
De dormir tranquilement
Quand on est Amant.

PHANTASE.

Le sommeil avec tous ses charmes
Ne peut calmer les secrettes allarmes
Que font naître les amours;
Dans le cœur d'un Amant l'Amour veille toûjours,
Au milieu du repos même
On est agité quand on aime.

PHOEBETOR, PHANTASE, un songe agreable.

Le sommeil a mille douceurs,
Il endort quelquefois une douleur profonde;

TRAGEDIE.

Mais l'Amour cause des langueurs
Et des Pleurs,
Il faudroit le bannir pour le repos du Monde.

PHOEBETOR.

Ulisse, il faut quitter ces funestes Climats,
L'Amour montre à tes yeux tout ce qu'il a d'appas,
Mais il te cache une peine cruelle ;
Fuy pour jamais ses charmes dangereux,
Crains le pouvoir d'une Reine infidéle,
Crains le destin affreux
De ces malheureux.

CHOEUR de Songes affreux.

Une épouvantable Mort,
Finira ton triste sort
Si tu ne pars en diligence ;
Crains tout d'un funeste amour,
La Mer n'a pas tant d'inconstance,
Que la fille du Dieu du jour.

CHOEUR de Songes affreux.

Tous les momens sont perilleux
Dans ces lieux,
Fuy sans tarder davantage ;
La Mer n'a point d'Ecueils plus dangereux
Que ce rivage,
Où ta Gloire a déja fait naufrage.

Les Songes disparoissent, Ulisse s'éveille.

SCENE QUATRIE'ME.

ULISSE, EOLIE dans un endroit où elle ne peut estre veuë.

ULISSE.

O Ciel ! ô juste Ciel ! j'implore ton secours,
L'Enfer s'arme contre mes jours ;
Mais, non, ce n'est qu'une chimere vaine
Quoy par un Songe, Ulisse est-il épouvanté !

Eolie paroist.

Que vois-je ? n'est-ce point quelque Divinité
Qui vient pour adoucir ma peine ?
Est-ce vous, Eolie, en croiray-je mes yeux ?
Est-ce vous, Nymphe trop charmante ?

EOLIE.

Ingrat, vous rougissez, c'est contre vostre attente
Que je vous trouve dans ces lieux,
Vous ne pouvez me voir sans un trouble agreable
Lorsque vous m'aimiez tendrement :
Pour mon cœur amoureux, quel horrible tourment
De voir dans vos regards, l'embarras d'un Coupable
Qui veut cacher son changement !

TRAGEDIE.

Quand le bruit de vostre naufrage
Me fait pour vous chercher, oublier mon devoir;
Lorsqu'il me fait sentir un affreux desespoir
Vous estes dans ces lieux à l'abry de l'orage
  Occupé d'un lasche Amour:
Qui l'eût jamais pensé! Dieux qui l'auroit pû croire!
Qu'en aimant un Heros, je pleurerois un jour,
La perte de son cœur, & celle de sa Gloire.

ULISSE.

Tout vous parlera contre moy,
 Si vous en croyez l'apparence;
Mais belle Nymphe, écoutez ma défense.

EOLIE.

Non, non, n'ajoûte pas la feinte à l'inconstance,
Ton crime est assez grand de me manquer de foy,
Connois-tu bien l'Objet que ton cœur me prefere?
  Y peux-tu songer sans effroy?
Une Reine barbare, inconstante & legere,
Une parjure enfin plus perfide que toy.

Son Epoux en a fait une épreuve cruelle,
 Elle immola ce Prince malheureux
  A de coupables feux;
 Tu periras aussi pour elle,
On n'est point innocent quand son volage cœur
 Brûle d'une nouvelle ardeur.

CIRCE.

ULISSE.

C'est trop me soupçonner d'une indigne foiblesse,
Les attraits de Circé, ne m'ont point enchanté;
Si la Vertu ne soûtient la Beauté,
On ne sçauroit m'inspirer de tendresse.

Mon cœur a fait un beau choix;
J'adore l'Aimable Eolie,
On me verra perdre la vie,
Plûtôt que de passer sous de nouvelles Loix.

EOLIE.

Tout mon bon-heur dépend de vous trouver fidelle,
Que ne puis-je vous croire, helas !
Mais Circé vous aime, elle est belle,
Vous voyez chaque jour ses dangereux appas,
Non, non, si vous ne l'aimiez pas,
Non, vous n'auriez songé qu'à vous éloigner d'elle.

ULISSE

Si mon cœur est inconstant,
Puisse le Ciel dans cet instant
Faire tomber sur moy la Foudre;
Puisse-t'il me reduire en poudre,
Si mon cœur est inconstant.

EOLIE.

TRAGEDIE.

EOLIE.

Que vos Sermens ont de puissance!
Ils calment la violence
De mes transports jaloux,
Mon cœur est déja plein de l'espoir le plus doux;
Que vos Sermens ont de puissance!

EOLIE & ULISSE.

Quand on aime tendrement,
Le dépit & la colere
Ne durent guere;
Quand on aime tendrement,
Le dépit & la colere
Ont un retour charmant;
Un Amour extréme
S'irrite aisement,
Mais il s'apaise de méme.

ULISSE.

Elphenor m'est suspect, il s'avance en ces lieux,
Dérobons nous à ses yeux.

CIRCE.

SCENE CINQUIE'ME.

ELPHENOR seul.

JE luy suis suspect, l'Infidelle,
Je ne l'ay que trop entendu,
Tout m'apprend sa flamme nouvelle,
Si je parle, il est perdu.

Pourquoy le ménager, j'ay besoin de la Reine?
Découvrons-luy ses volages amours;
Quand le cruel a sçû ma peine,
M'a-t-il offert quelque secours?

A mes brûlans desirs Asterie est contraire,
L'ingrate me desespere;
A tous momens son injuste froideur,
En augmentant ma rage augmente mon ardeur;
De cette Nymphe cruelle
Circé peut regler le sort,
Il faut par mes avis luy faire voir mon zele,
Taschons de l'obtenir d'elle,
Faisons un dernier effort.

Je voulois ne devoir qu'à ma seule tendresse
Un bonheur si charmant,

TRAGEDIE.

C'est pour un malheureux trop de délicatesse,
Pourvû que je l'obtienne il n'importe comment.

SCENE SIXIEME.
CIRCE', ELPHENOR.
CIRCE'.

EN quel endroit Ulisse a-t-il tourné ses pas ?
Je vous croyois tous deux dans cette solitude ;
Tout languit avec moy quand je ne le vois pas,
Rien ne peut égaler ma triste inquietude.

Que fait-il, ce charmant Heros ?
Peut-être dans le temps qu'il trouble mon repos,
Il occupe son ame
De ses vastes projets opposez à ma flâme.

ELPHENOR.

Quand on a tant d'amour avec tant de beauté,
Charmante Reine on peut croire
Que ce n'est que pour la gloire
Qu'un Heros pourroit faire une infidélité ;
Mais, helas ! c'est en vain que l'on est tendre &
belle,
Pour arrêter un cœur fait pour être infidéle.

G ij

CIRCE,

CIRCE,

Dieux! que me dites-vous?
Que je sens de transports jaloux!
Quelques nouveaux attraits charmeroient-ils
Ulisse?
Parlez, ne craignez point d'augmenter mon sup-
plice.

ELPHENOR.

Dans ce paisible séjour
J'ay surpris ce Prince volage,
Qui parloit d'amour
A la Nymphe qui l'engage;
J'ay voulu pour la voir détourner ce feüillage,
Mais ils m'ont apperceu, dans le même mo-
ment
Je les ay vû disparoître
Sans avoir pû la connoître.

CIRCE.

Quel horrible tourment! ...

SCENE SEPTIE'ME.

ASTERIE, CIRCE', ELPHENOR.

CIRCE'.

Approchez-vous, chere Asterie,
Apprenez que je suis trahie.

Ulisse est inconstant,
Ma peine est sans égale;
Si je pouvois du moins connoître ma Rivale,
Mon cœur jaloux ne souffriroit pas tant,
D'une cruelle vangeance
Je pourrois goûter la douceur:
Elphenor, secondez ma juste impatience
Observez cét Amant trompeur,
Découvrez, s'il se peut, qui m'enleve son cœur.

Des soins que vous prendrez, voyez la recompense,
Il faut que cette Nymphe en vous donnant sa
  foy,
M'acquitte enfin de ce que je vous doy.

Je vais de ma douleur cacher la violence,
Faites tous deux vôtre devoir
Pour découvrir ce que je veux sçavoir.

SCENE HUITIE'ME.

ASTERIE, ELPHENOR.

ELPHENOR.

Je puis vous dire enfin que je vous aime,
La Reine vous accorde à l'ardeur de mes feux ;
Mais je serois mille fois plus heureux,
Si je tenois mon bon-heur de vous-même.

ASTERIE.

Non, non, je ne sçaurois vous engager ma foy,
La chaine de l'Hymen me paroist trop pesante,
Si le nom d'Amant m'épouvante,
Le nom d'Epoux me fait trembler d'effroy.

TRAGEDIE.
ELPHENOR.

Ingrate, vous aimez, je connois vos allarmes,
Vous avez de la peine à retenir vos larmes ;
C'est pour vous conserver pour un heureux Vainqueur
   Que vous avez tant de rigueur.

Vous voyez sans pitié, mon desespoir extrême,
   Cruelle, j'en feray de même,
Je n'écoute plus rien que mes transports jaloux ;
  Vôtre resistance est vaine,
  Il faut obeyr à la Reine
 Qui veut que je sois vôtre Epoux.

ASTERIE.

Quoy je serois le Prix d'un Crime épouvantable ?
   Perfide, ne t'en flatte pas,
  Que la Reine impitoyable
Par tes avis me livre au plus cruel trépas ;
Dis-luy mes sentimens, va couronner ton Crime
   Par un Crime nouveau,
 De ta fureur que je sois la Victime,
Plûtôt que ton Hymen, je choisis le Tombeau.

SCENE NEUVIE'ME.

ELPHENOR seul.

C'En est trop, barbare inhumaine,
Je vais te délivrer d'un Objet plein d'horreur,
Pour contenter tes mépris & ta haine,
Je m'abandonne à toute ma fureur.

Il se perce de son Poignard.

Vien trop cruelle Asterie,
Je sens que je vais mourir,
Vien donner à tes yeux le funeste plaisir,
De me voir perdre la vie.

Il tombe mort.

Fin du troisiéme Acte.

ACTE IV.

Le Theâtre change, & represente un Bois.

SCENE PREMIERE.

CIRCE', ULISSE.

CIRCE'.

Enfin il est donc vray qu'Elphenor ne
 vit plus;
Mais les déguisemens te seront su-
 perflus,
Ie sçay ton ardeur nouvelle,
Ce Prince t'a surpris dans ce funeste jour
 Avec l'Objet de ton Amour,
Tu viens de l'en punir par une mort cruelle,
Perfide, je sçauray te punir à mon tour.

H

CIRCE',
ULISSE.

Dieux ! quel injustice effroyable !
Du trépas d'Elphenor vous me croyez coupable,
Et vous me soupçonnez de vous manquer de foy ?
Vous ne m'aimez pas, inhumaine,
Ou le cruel Amour que vous avez pour moy
A tous les effets de la haine.

CIRCE'.

En vain tu veux cacher ton infidelité,
Inconstant, je vois dans ton ame,
Tu n'as plus de témoin de ta nouvelle flâme,
Tu crois estre en seureté ;
Mais de l'infernale Rive,
Je sçauray rapeller son ombre fugitive,
Mal-heureux, tremble d'effroy,
Je sçauray l'a contraindre à découvrir ton crime,
Et plus j'ay d'Amour pour toy,
Plus tu dois redouter la fureur qui m'anime.

ULISSE.

Je vois que ma presence aigrit vostre couroux,
Ie m'éloigne de vous.

Ulisse sort.

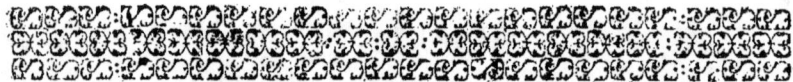

SCENE DEUXIE'ME.

CIRCE' seule.

REtire-toy, l'Enfer sçaura m'instruire,
Sombres Marais du Stix, Cocite, Phlegeton,
Impitoyable Alecton,
Dieu tenebreux du vaste Empire
Qui s'étendra toûjours sur tout ce qui respire,
Servez mes jaloux transports;
Que d'Elphenor l'ombre sanglante
Pour un moment quitte vos tristes Bors,
Qu'elle répande icy l'horreur & l'épouvante.

Demons, que vous tardez à remplir mon espoir !
Demons, Demons, redoutez mon pouvoir,
Ie vais ouvrir vos Cavernes affreuses,
I'y feray penetrer le Soleil qui nous luit,
Ie chasseray le silence & la nuit
De vos demeures tenebreuses ;
Hastez-vous, hastez-vous, tarderez-vous encore
D'envoyer l'Ombre d'Elphenor!

Il s'éleve une grosse Vapeur dans le fond du Theâtre, on en voit sortir l'Ombre d'Elphenor.

CIRCE;

SCENE TROISIE'ME.

L'Ombre d'ELPHENOR, CIRCE'.

CIRCE'.

Vien me découvrir ma Rivale,
 Et m'éclaircir de ton funeste sort;
Je jure d'exercer sur l'auteur de ta mort,
 La vangeance la plus fatale.

  Quatre Démons élevent un Tombeau dans le fonds du Theâtre.

Voy ce Tombeau, je veux que pour jamais
 Tes manes soient en paix.

L'OMBRE.

Ulisse est infidéle,
Je ne t'apprendray rien de plus,
Les soins de me vanger te seroient superflus,
Laisse-moy retomber dans la nuit éternelle.
      L'Ombre disparoît.

TRAGEDIE.

SCENE QUATRIE'ME.

CIRCE' seule.

Ulisse est infidéle,
Vangeons nôtre amour irrité
Par une affreuse cruauté.

Eumenides impitoyables,
Cessez de tourmenter de malheureux coupables,
Venez, venez inventer des tourmens
Pour le plus ingrat des Amans.

Que tout l'Enfer contraigne un traître qui m'outrage,
A se livrer dans ce moment
A mon juste ressentiment.

SCENE CINQUIE'ME.

CIRCE', ULISSE poursuivy par la Fureur & sa suite, les trois EUMENIDES.

Les trois EUMENIDES.

Punissons un Amant volage,
Brûlons son perfide cœur
De tous les feux de la rage;

CIRCE;

Punissons un Amant volage,
Enflâmons son perfide cœur
D'une éternelle fureur.

Ulisse à Circé.

Tu me rens la vie odieuse,
Mais les chemins des Enfers
Sont toûjours ouverts
Pour une ame genereuse.

Ulisse furieux tire son épée pour se tuer.

CIRCE', aux Eumenides.

Desarmez ce furieux,
Prenez soin de ses jours, faites durer sa peine
Pour cnotenter ma haine.
Allez, éloignez de mes yeux
Cet Objet odieux.

Les Eumenides emmennent Ulisse aprés l'avoir desarmé.

SCENE SIXIE'ME.
CIRCE' seule.

Calmez vôtre violence,
Transports impetueux n'agitez plus mon cœur,
N'ay-je pas satisfait ma jalouse fureur
Par une affreuse vangeance?

TRAGEDIE.

Transports impetueux n'agitez plus mon cœur,
Calmez vôtre violence.

Que dis-je, malheureuse ?.. Est-ce là me vanger?
Quand le cruel Amour m'oblige à partager
Toutes les peines d'un coupable
Qui me paroît toûjours aimable,
Malheureuse, est-ce me vanger ?

SCENE SEPTIE'ME.

CIRCE', EOLIE sans se voir.

EOLIE.

J'Ignore les détours de ce bois solitaire,
Je tremble à chaque pas que l'Amour me fait
faire
Pour chercher mon Amant;
Bien que j'aime tendrement,
Mon cœur est toûjours timide;
Helas! on s'egare aisément
Quand on n'a que l'Amour pour guide:
Ulisse n'est pas en ces lieux,
Cherchons plus loin sous ce feüillage.

CIRCE',
CIRCE'.

Qu'ay-je entendu ? c'est ma Rivalle, O Dieux!
 Arrêtons-là dans ce Boccage
 Par quelques doux enchantemens...
 Taisez-vous, jaloux mouvemens,
Je pretends la punir du plus cruel supplice,
 Mais c'est en presence d'Ulisse.

Venez, Demons, empruntez les attraits
 Des Nymphes de ces Forests,
 Je vais trouver mon Volage;
Enchantez la Beauté qui cause ses soupirs
 Par les plus touchans plaisirs,
 Elle en sentira davantage
 La mortelle douleur
 Que je prepare à son cœur.

 Circé sort. Le Tombeau que les Demons avoient élevé, est caché par des Arbres.

SCENE SIXIE'ME.

EOLIE seule.

Momens où je dois voir l'Objet de ma tendresse,
 Ah! que vous tardez à venir;
 Le doux espoir qui vient m'entretenir
 Ne peut dissiper ma tristesse,

Ah!

TRAGEDIE.

Ah! que vous tardez à venir
Momens où je dois voir l'Objet de ma tendresse!

SCENE SEPTIE'ME.
EOLIE. Troupe de Demons transformez en Nymphes.

LE CHOEUR.

Venez prendre part à nos jeux,
Vous que l'Amour a sçeu rendre sensibles,
Il va combler tous vos veux
Dans ces retraittes paisibles.

UNE NYMPHE.
Qui craint de ressentir d'amoureuses langueurs
Doit s'éloigner de nos Boccages,
L'Amour est caché sous les fleurs,
Et sous les sombres feüillages.

UNE NYMPHE.
L'Amour coûte des pleurs,
Il cause des allarmes;
Mais pour goûter tout ce qu'il a de charmes,
Il faut avoir éprouvé ses rigueurs.

LE CHOEUR.
Aimez, aimez, jeunes cœurs,
L'Amour a mille douceurs;
Si d'un cœur fidele & tendre,
Il fait languir les desirs,
D'un bien qu'il a trop fait attendre
Il redouble les plaisirs.

I

SCENE HUITIE'ME.

MERCURE descend du Ciel, EOLIE, Demons transformez en Nymphes.

MERCURE tenant la Fleur de Moly.

Fuy loin d'icy, Troupe odieuse,
Tu prepare d'affreux tourmens
A ceux qui sont seduits par tes enchantemens.

Les Demons disparoissent.

A Eolie.

Prenez cette Fleur merveilleuse
Qui rompt le charme le plus fort,
Allez changer le triste sort
Du Heros qui vous aime,
Il est dans un peril extrême.

Venez le mettre en liberté
Venez goûter la douceur sans égalle
De braver en seureté
La cruauté
De vôtre jalouse Rivalle.

Fin du quatriéme Acte.

ACTE V.

Le Theâtre change & represente d'un côsté, des Rochers, de l'autre, un Bois, & dans le fonds un Port de Mer.

SCENE PREMIERE.

POLITE, ASTERIE.

POLITE.

Nfin le juste Ciel a comblé nos desirs,
Ulisse est délivré par la Nymphe Eolie;
Bien-tôt loin de ces lieux nous braverons
    l'Envie,
Rien ne pourra troubler nos innocens plaisirs.

I ij

CIRCE',

ASTERIE & POLITE.

Que ma joye est extrême!
Que mon cœur en est enchanté!
Quoy! je pourray vous dire en liberté
Tout ce qu'on sent de tendre quand on aime?
Que mon cœur en est enchanté!
Que ma joye est extrême!

POLITE.

Il faut pour nôtre embarquement
Rassembler nos Grecs promptement.

SCENE SECONDE.

Eolie tient la fleur de Moly.

ULISSE, EOLIE.

ULISSE.

Que ne vous dois-je pas, adorable Eolie?
Vous avez pris soin de ma vie;
Vous avez chassé de mon cœur,
Le desespoir, la rage & la fureur:
Du tendre amour qui m'enchante
Je sens redoubler les feux;
Que vous estes charmante!
Que je suis amoureux.

TRAGEDIE.
EOLIE.

J'ay crû vôtre perte certaine,
Un funeste éloignement
Est la source de ma peine ;
Ah ! ne m'exposez plus à ce cruel tourment.

Quand on est tendre & fidele,
Qu'une longue absence est cruelle !
Qu'elle coûte de soûpirs ;
Qu'elle dérobe de plaisirs !
Quand on est tendre & fidele !

EOLIE & ULISSE.

Ne nous quittons jamais, payons-nous des douceurs
Que l'absence & la jalousie
Ont fait perdre à nos tendres cœurs ;
Les delices de la vie,
Les plaisirs les plus charmans,
Ne sont que pour les vrais Amans.

EOLIE.

Puis-je me flater que vôtre ame
N'a rien senty pour de nouveaux appas ?

ULISSE.

Vous m'offensez si vous ne croyez pas,
Que je brûle pour vous d'une constante flame.

CIRCE.

EOLIE.

Je veux encor douter de vôtre foy,
Pour avoir le plaisir de vous entendre dire,
Que ce n'est que pour moy
Que vôtre cœur soûpire.

ULISSE.

Vous m'attachez avec de trop beaux nœuds,
Pour craindre mon inconstance;
Un foible Amour s'éteint aisément par l'absence,
Mais d'un cœur bien amoureux
L'absence augmente les feux.

EOLIE & ULISSE.

Vous m'aimez, je vous aime,
Que nostre sort est doux!
Goûtons le plaisir extréme
De nous dire cent fois en dépit des jaloux,
Vous m'aimez, je vous aime.

EOLIE.

Favorisez nos veux, Divinitez des Eaux,
Vents furieux qui regnez sur les Ondes
Ne nous exposez pas à des perils nouveaux,
Demeurez enchainez dans vos Grottes profondes.

AQUILON & les autres Vents viennent asseurer Eolie, qu'ils luy seront favorables. Une Troupe de Nereïdes & de Tritons, sort de la Mer & se joint à eux.

SCENE TROISIE'ME.

AQUILON. Troupe de Vents, Troupe de Nereides & de Tritons, ULISSE, EOLIE.

AQUILON.

DE la fille d'Eole, il faut combler les veux,
Les Vents les plus impetueux
Ne sortent d'esclavage
Que pour venir luy rendre hommage,
On verra sur les flots regner un calme heureux.

CHOEUR d'Aquilons.

De la fille d'Eole, il faut combler les veux,
Les Vents les plus impetueux
Ne sortent d'esclavage
Que pour venir luy rendre hommage,
On verra sur les flots regner un calme heureux.

UNE NEREIDE.

Embarquez-vous, ne craignez plus l'Orage,
Vous aurez un sort charmant,
Rien ne plaist davantage
Dans le bel aage
Qu'un embarquement
Avec un fidele Amant.

CIRCE;

Vivez heureux,
Aimez vos chaînes,
L'Amour aprés vos peines
Comble vos veux,
Vivez heureux.

LE CHOEUR.

Tendres cœurs, rien ne peut vous nuire,
L'Amour prend soin de vous conduire ;
Il embarque avec vous,
Les ris, les jeux, les plaisirs les plus doux.

SCENE QUATRIE'ME.

ULISSE, EOLIE, ASTERIE, POLITE, Troupe de Vents, Troupe de Nereïdes, Troupe de Tritons, Aquilon.

POLITE.

NOs Grecs sont rassemblez, partons en diligence ;
Venez, Prince, venez, on n'attend plus que vous,
Circé dans ces lieux s'avance.

ULISSE.

TRAGEDIE.

ULISSE.

Eloignons-nous....

ULISSE, EOLIE, ASTERIE, POLITE s'approchent du Port, les Nereïdes & les Tritons les suivent.

SCENE CINQUIE'ME.

ULISSE, EOLIE, ASTERIE, POLITE, & les NEREIDES dans le fonds du Theâtre, CIRCE' sans les voir.

CIRCE'.

O Rage ! ô douleur mortelle !
Je cherche en vain mon infidéle ;
Ah ! l'Enfer me trahit, je n'en sçaurois douter,

Elle les apperçoit.

Ulisse, ô Dieux ! que vois-je ? ô disgrace fatale !
Il fuit avec ma Rivale,
Le traître... Il faut l'arrêter.

Demons, Demons, quittez vos Cavernes profondes,
Sortez, volez, volez avec d'horribles feux ;
Embrasez au milieu des Ondes
Les Vaisseaux de ces Malheureux.

Il paroît plusieurs Demons en l'air & sur la Terre ; ils sont armez de feux, & veulent aller brûler les Vaisseaux d'Ulisse, mais ils sont arrêtez par la vertu du Moly.

K

SCENE SIXIÈME.

ULISSE, EOLIE, ASTERIE, POLITE, Troupe de Nereïdes & de Tritons dans le fonds du Theâtre; CIRCE', Troupe de Demons armez de feux.

CHOEUR de Demons.

Une Divine Puissance
S'oppose à nôtre violence,
Et semble nous donner des fers,
Nous ne sçaurions aborder ce rivage
Pour exercer nôtre rage,
Retournons dans les Enfers.

Les Demons s'abîment.

ULISSE, EOLIE, ASTERIE & POLITE montent sur leurs Vaisseaux, qui s'éloignent peu à peu du rivage; Les Nereïdes & les Tritons se plongent dans la Mer.

SCENE SEPTIÈME ET DERNIERE.

CIRCE' seule.

Ah! quelle rigueur extrême!
Dieux cruels, injustes Dieux!
Devez-vous employer vôtre pouvoir suprême
Pour m'empêcher d'arrêter dans ces lieux
Un volage que j'aime?

TRAGEDIE.

Est-ce pour les perfides cœurs
Que vous reservez vos faveurs ?
Je ne me connois plus moy-même,
Ulisse m'abandonne, il me manque de foy,
Jusques dans les Enfers tout est changé pour moy.

Demeure, ingrat, ne crains pas ma vangeance,
Mon cœur encor plus tendre qu'irrité
Trouve ton infidelité
Moins cruelle que ton absence.

Traître, rien n'arrête tes pas,
Du moins si la pitié ne te ramene pas
Que la cruauté te ramene,
Revien pour joüir de ma peine ;
Vien me voir succomber à ma vive douleur.

C'est toy, cruel Amour, qui causes mon malheur,
Ta funeste colere
Contre le Soleil mon Pere
Tombe toûjours sur mon cœur ;
C'en est fait, je n'ay plus pour toy que de l'horreur.

C'est trop gémir... Allons la plainte est vaine,
Je vais dans ce funeste jour
Briser les Autels de l'Amour,
Je n'en veux desormais élever qu'à la Haine.

CIRCE',

Puisqu'Ulisse a changé, que tout change en ces lieux ;
Que le Ciel en courroux s'arme contre la Terre,
Que tous les Elemens se declarent la guerre,
Servez arbres, rochers, mes transports furieux,
Precipitez-vous dans l'Onde,
En un affreux cahos changez ce triste bord,
Rendez pour jamais ce Port
Inaccessible à tout le Monde.

On entend un grand bruit de Tonnerre, les Rochers & les Arbres sont renversez, & comblent le Port ; Il paroît à leur place des Gouffres qui vomissent des flâmes.

Fin du cinquiéme & dernier Acte.

www.ingramcontent.com/pod-product-compliance
Lightning Source LLC
LaVergne TN
LVHW051456090426
835512LV00010B/2172